Beads Graph Paper

ISBN-13: 978-1724906113
ISBN-10: 1724906119

PROJECTS NAME :

DATE :

60
59
58
57
56
55
54
53
52
51
50
49
48
47
46
45
44
43
42
41
40
39
38
37
36
35
34
33
32
31
30
29
28
27
26
25
24
23
22
21
20
19
18
17
16
15
14
13
12
11
10
9
8
7
6
5
4
3
2
1

PROJECTS NAME : ___________________________________   DATE : _______________

PROJECTS NAME : ____   DATE : _______________

60
59
58
57
56
55
54
53
52
51
50
49
48
47
46
45
44
43
42
41
40
39
38
37
36
35
34
33
32
31
30
29
28
27
26
25
24
23
22
21
20
19
18
17
16
15
14
13
12
11
10
9
8
7
6
5
4
3
2
1

PROJECTS NAME : ____   DATE : ________________

PROJECTS NAME : ____   DATE : ________________

PROJECTS NAME :
DATE :

PROJECTS NAME :
DATE :

PROJECTS NAME :
DATE :

PROJECTS NAME : ___________________________________   DATE : ________________

60
59
58
57
56
55
54
53
52
51
50
49
48
47
46
45
44
43
42
41
40
39
38
37
36
35
34
33
32
31
30
29
28
27
26
25
24
23
22
21
20
19
18
17
16
15
14
13
12
11
10
9
8
7
6
5
4
3
2
1

| 60 |
| 59 |
| 58 |
| 57 |
| 56 |
| 55 |
| 54 |
| 53 |
| 52 |
| 51 |
| 50 |
| 49 |
| 48 |
| 47 |
| 46 |
| 45 |
| 44 |
| 43 |
| 42 |
| 41 |
| 40 |
| 39 |
| 38 |
| 37 |
| 36 |
| 35 |
| 34 |
| 33 |
| 32 |
| 31 |
| 30 |
| 29 |
| 28 |
| 27 |
| 26 |
| 25 |
| 24 |
| 23 |
| 22 |
| 21 |
| 20 |
| 19 |
| 18 |
| 17 |
| 16 |
| 15 |
| 14 |
| 13 |
| 12 |
| 11 |
| 10 |
| 9 |
| 8 |
| 7 |
| 6 |
| 5 |
| 4 |
| 3 |
| 2 |
| 1 |

PROJECTS NAME :

DATE :

PROJECTS NAME :

DATE :

PROJECTS NAME :

DATE :

PROJECTS NAME : _______________________________________   DATE : _______________

PROJECTS NAME : ____   DATE : _______________

PROJECTS NAME : ____   DATE : ___________________

60
59
58
57
56
55
54
53
52
51
50
49
48
47
46
45
44
43
42
41
40
39
38
37
36
35
34
33
32
31
30
29
28
27
26
25
24
23
22
21
20
19
18
17
16
15
14
13
12
11
10
9
8
7
6
5
4
3
2
1

PROJECTS NAME :

DATE :

60
59
58
57
56
55
54
53
52
51
50
49
48
47
46
45
44
43
42
41
40
39
38
37
36
35
34
33
32
31
30
29
28
27
26
25
24
23
22
21
20
19
18
17
16
15
14
13
12
11
10
9
8
7
6
5
4
3
2
1

PROJECTS NAME :

DATE :

PROJECTS NAME : _______________________________________   DATE : _________________

PROJECTS NAME :

DATE :

PROJECTS NAME : _______________________________   DATE : _______________

PROJECTS NAME : ___________________________________   DATE : ________________

PROJECTS NAME :
DATE :

PROJECTS NAME : ____   DATE : ________________

PROJECTS NAME : _______________________________________   DATE : _______________

PROJECTS NAME :
DATE :

PROJECTS NAME : _________________________________   DATE : _______________

PROJECTS NAME :

DATE :

PROJECTS NAME :   DATE :

PROJECTS NAME : _______________________________________   DATE : ______________

PROJECTS NAME : ____   DATE : _________________

PROJECTS NAME : ____   DATE : ________________

PROJECTS NAME : _______________________________________   DATE : ________________

60
59
58
57
56
55
54
53
52
51
50
49
48
47
46
45
44
43
42
41
40
39
38
37
36
35
34
33
32
31
30
29
28
27
26
25
24
23
22
21
20
19
18
17
16
15
14
13
12
11
10
9
8
7
6
5
4
3
2
1

PROJECTS NAME :
DATE :

PROJECTS NAME : _______________________________________   DATE : _______________

60
59
58
57
56
55
54
53
52
51
50
49
48
47
46
45
44
43
42
41
40
39
38
37
36
35
34
33
32
31
30
29
28
27
26
25
24
23
22
21
20
19
18
17
16
15
14
13
12
11
10
9
8
7
6
5
4
3
2
1

PROJECTS NAME : ____   DATE : _______________

60
59
58
57
56
55
54
53
52
51
50
49
48
47
46
45
44
43
42
41
40
39
38
37
36
35
34
33
32
31
30
29
28
27
26
25
24
23
22
21
20
19
18
17
16
15
14
13
12
11
10
9
8
7
6
5
4
3
2
1

PROJECTS NAME : _______________________________________   DATE : _______________

PROJECTS NAME :

DATE :

PROJECTS NAME :

DATE :

PROJECTS NAME : ___________________________________   DATE : _______________

60
59
58
57
56
55
54
53
52
51
50
49
48
47
46
45
44
43
42
41
40
39
38
37
36
35
34
33
32
31
30
29
28
27
26
25
24
23
22
21
20
19
18
17
16
15
14
13
12
11
10
9
8
7
6
5
4
3
2
1

PROJECTS NAME : _______________________________   DATE : _______________

PROJECTS NAME :
DATE :

PROJECTS NAME : _______________________________________   DATE : _______________

PROJECTS NAME : _______________________________________   DATE : _______________

PROJECTS NAME : _______________________   DATE : _______________

PROJECTS NAME : _______________________________   DATE : _______________

PROJECTS NAME :

DATE :

PROJECTS NAME :
DATE :

PROJECTS NAME :

DATE :

PROJECTS NAME :

DATE :

PROJECTS NAME :

DATE :

PROJECTS NAME : _______________________________________   DATE : _______________

PROJECTS NAME :
DATE :

60
59
58
57
56
55
54
53
52
51
50
49
48
47
46
45
44
43
42
41
40
39
38
37
36
35
34
33
32
31
30
29
28
27
26
25
24
23
22
21
20
19
18
17
16
15
14
13
12
11
10
9
8
7
6
5
4
3
2
1

60
59
58
57
56
55
54
53
52
51
50
49
48
47
46
45
44
43
42
41
40
39
38
37
36
35
34
33
32
31
30
29
28
27
26
25
24
23
22
21
20
19
18
17
16
15
14
13
12
11
10
9
8
7
6
5
4
3
2
1

PROJECTS NAME :

DATE :

60
59
58
57
56
55
54
53
52
51
50
49
48
47
46
45
44
43
42
41
40
39
38
37
36
35
34
33
32
31
30
29
28
27
26
25
24
23
22
21
20
19
18
17
16
15
14
13
12
11
10
9
8
7
6
5
4
3
2
1

PROJECTS NAME : _______________________________   DATE : _______________

PROJECTS NAME : _______________________________   DATE : _______________

60
59
58
57
56
55
54
53
52
51
50
49
48
47
46
45
44
43
42
41
40
39
38
37
36
35
34
33
32
31
30
29
28
27
26
25
24
23
22
21
20
19
18
17
16
15
14
13
12
11
10
9
8
7
6
5
4
3
2
1

PROJECTS NAME :

DATE :

PROJECTS NAME :
DATE :
60
59
58
57
56
55
54
53
52
51
50
49
48
47
46
45
44
43
42
41
40
39
38
37
36
35
34
33
32
31
30
29
28
27
26
25
24
23
22
21
20
19
18
17
16
15
14
13
12
11
10
9
8
7
6
5
4
3
2
1

PROJECTS NAME :

DATE :

PROJECTS NAME :

DATE :

60
59
58
57
56
55
54
53
52
51
50
49
48
47
46
45
44
43
42
41
40
39
38
37
36
35
34
33
32
31
30
29
28
27
26
25
24
23
22
21
20
19
18
17
16
15
14
13
12
11
10
9
8
7
6
5
4
3
2
1

PROJECTS NAME : ____   DATE : _______________

PROJECTS NAME :
DATE :

PROJECTS NAME : _______________________________   DATE : _______________

PROJECTS NAME : ___________________________________   DATE : _______________

PROJECTS NAME :
DATE :

PROJECTS NAME : _______________________________________   DATE : _______________

60
59
58
57
56
55
54
53
52
51
50
49
48
47
46
45
44
43
42
41
40
39
38
37
36
35
34
33
32
31
30
29
28
27
26
25
24
23
22
21
20
19
18
17
16
15
14
13
12
11
10
9
8
7
6
5
4
3
2
1

PROJECTS NAME : ____   DATE : ________________

PROJECTS NAME : ____   DATE : _______________

PROJECTS NAME : _________________________________   DATE : _______________

PROJECTS NAME :
DATE :

www.ingramcontent.com/pod-product-compliance
Lightning Source LLC
Chambersburg PA
CBHW082339270726
48658CB00017B/2908